I0813874

La migración del ñu

Grace Hansen

abdopublishing.com

Published by Abdo Kids, a division of ABDO, P.O. Box 398166, Minneapolis, Minnesota 55439.

Printed in the United States of America, North Mankato, Minnesota.

102017

012018

Spanish Translator: Maria Puchol

Photo Credits: iStock, Shutterstock

Production Contributors: Teddy Borth, Jennie Forsberg, Grace Hansen

Design Contributors: Dorothy Toth, Laura Mitchell

Publisher's Cataloging in Publication Data

Names: Hansen, Grace, author.

Title: La migración del ñu / by Grace Hansen.

Other titles: Wildebeest migration. Spanish

Description: Minneapolis, Minnesota : Abdo Kids, 2018. | Series: La migración animal | Includes online resources and index.

Identifiers: LCCN 2017945867 | ISBN 9781532106460 (lib.bdg.) | ISBN 9781532107566 (ebook)

Subjects: LCSH: Gnus--Juvenile literature. | Animal migration--Juvenile literature. | Spanish language materials--Juvenile literature.

Classification: DDC 599.64--dc23

LC record available at https://lccn.loc.gov/2017945867

Contenido

El ñu

Los ñus viven en las **llanuras** cubiertas de hierba de África. Se encuentran mayoritariamente en el **Serengueti**. Este parque está entre Tanzania y Kenia.

Los ñus se alimentan de plantas. Su comida favorita es el pasto.

Casi 500,000 **crías** nacen cada año durante enero y febrero. Nacen en Tanzania, en la zona sur de las **llanuras** del **Serengueti**.

En busca de lluvia

Es difícil encontrar pasto en marzo. La lluvia que ayuda a que crezca el pasto se ha movido hacia el oeste. Por ello, el millón y medio de ñus que viven en esta zona también se traslada.

Los ñus migran hacia el oeste hasta junio o julio. La **manada** pasa por el río Grumeti en el centro del parque del **Serengueti**.

Puede ser muy peligroso para los ñus cruzar los ríos. Los cocodrilos están a menudo esperándolos. Pero esto no detiene la marcha de la **manada** en busca de alimento.

Normalmente hacia julio o agosto la **manada** ha llegado cerca del río Mara. Cruzan el río hacia Kenia, éste es el lugar más al norte al que llegan.

De regreso al sur

La gran **manada** de ñus se queda en Kenia hasta octubre. Hacia noviembre empiezan su viaje de regreso al sur.

En diciembre descansan, han viajado casi 1,000 millas. La mayoría de los ñus han conseguido volver al punto de partida. En unos pocos meses estos ñus volverán a movilizarse.

Rutas migratorias

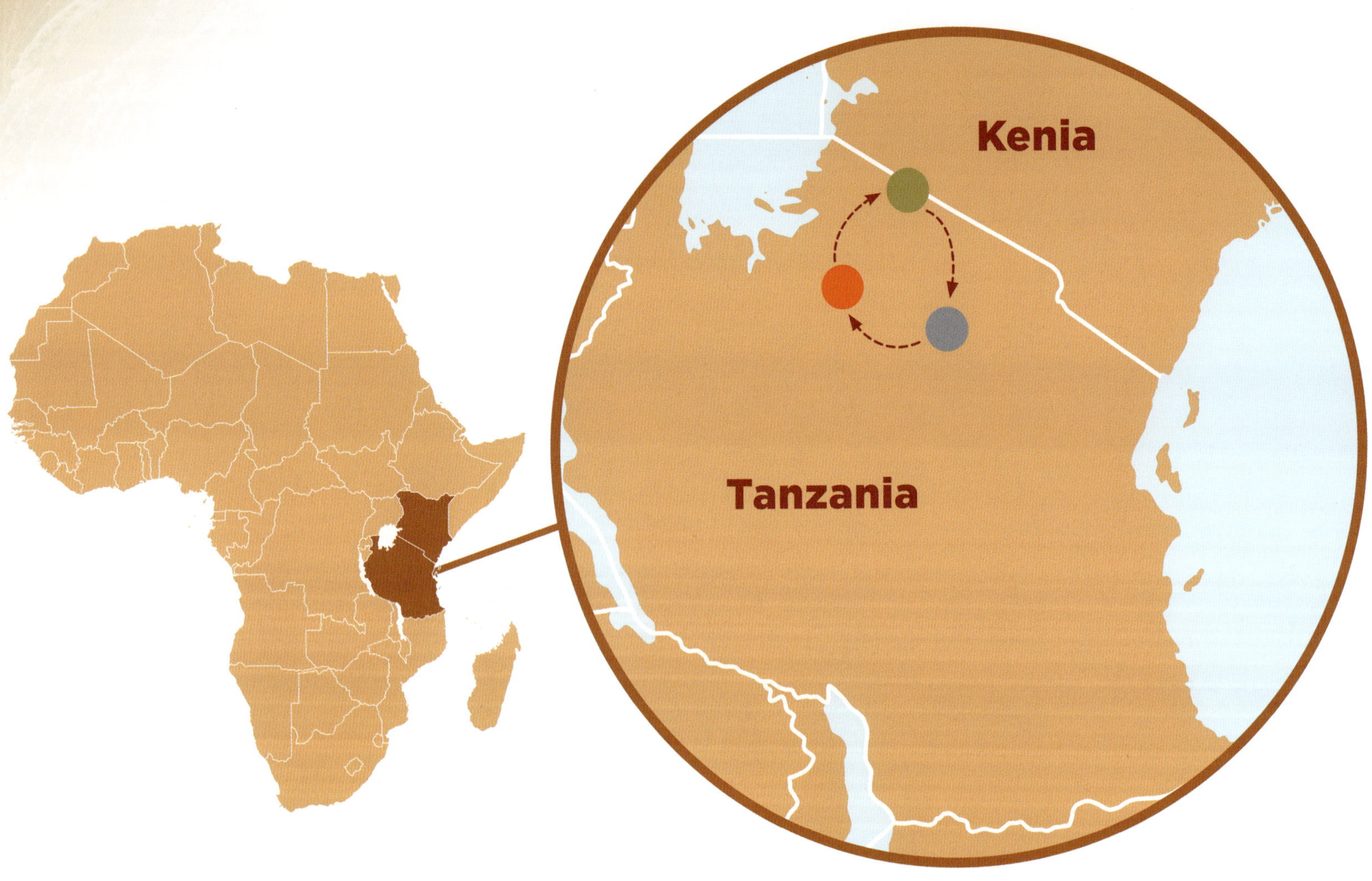

Estancia en junio

Estancia en septiembre

Estancia en enero

Ruta

Glosario

cría – ñu recién nacido.

llanura – territorio de pasto, grande, plano y con pocos árboles.

manada – conjunto grande de animales que vive, se alimenta y se mueve en grupo.

Serengueti – Parque Nacional del Serengueti, enorme llanura en Tanzania y Kenia (cuya parte se llama Maasai Mara) en la que viven muchas especies de aves y de mamíferos grandes.

Índice

¡Visita nuestra página **abdokids.com** y usa este código para tener acceso a juegos, manualidades, videos y mucho más!